Gobán Cré is Cloch

Sentences of Earth and Stone

D'Éadaoin

le gach dea-ghuí

ó

Louis de Paor

Gobán Cré is Cloch

Sentences of Earth and Stone

Louis de Paor

Black Pepper

First published by *Black Pepper*
403 St Georges Road, North Fitzroy, Victoria 3068

National Library of Australia
Catalogue-in-Publication data:

de Paor, Louis, 1961-
    Sentences of earth and stone: gobán cré is cloch

    ISBN 1 876044 06 3.

    1. Irish Poetry. I. Title. II. Title: Sentences of earth
    and stone.

891. 6214

Cover designed by Gail Hannah

Printed and bound by
Currency Productions
79 Leveson Street, North Melbourne, Victoria 3051

dom mhuintir ar an dá thaobh

Louis de Paor was born in Cork in 1961. He has been involved with the contemporary renaissance in Irish language poetry since 1980 when he began contributing to the poetry journal *Innti* which he subsequently edited for a time. Having taught at Universities in Ireland he migrated with his family to Australia in 1987 and since then has divided his time unequally between childrearing and writing. He has also worked in community and ethnic radio in Melbourne where he lives with his partner and their five children. A previous bilingual collection *Aimsir Bhreicneach/Freckled Weather* (Leros Press 1993) was shortlisted for the Dinny O'Hearn/ SBS Bookshow Award for Literary Translation in 1994 and is now out of print. Two earlier collections in Irish have been awarded the Seán Ó Ríordáin Prize, the premier award for Irish language poetry. He has also published a critical study of Máirtín Ó Cadhain, the finest prose-writer in Irish this century and an anthology of twentieth century poetry in Irish co-edited with Seán Ó Tuama.

Contents

Clár

BUÍOCHAS

Some of these poems have previously appeared in *Innti*, *Éire/Ireland* and *Republica*. I am indebted to all those who have encouraged me in my work by their unsolicited attendance at readings and performances over the past three years and more, to Phil Cleary and his staff for good faith, to the Literature Board of the Australia Council for allowing me the time to write, to the Arts Council of Tasmania, Port Arthur Irish Festival, Tasmanian Writers' Union and 3 Words for Green for giving me the opportunity to be heard, to Philip Mead, Greg Delanty, Mary Kenneally, Peter Hay, Gearóid Ó Crualaoich, Shirley Bourke and Anna Sadb, Cuán, Sorcha, Aoife and Fionnuala de Paor who set me back on course whenever I strayed onto the straight and narrow.

FABLE

When the mountains get together
in the square behind the market
they speak a language of olives
and heather, the argot of old men
on stone benches talking
of the ups and downs of their lives
across the seas of immigrant years,
a surplice-white light pouring
from the well of their gapped mouths
and the sun   a gold tooth
gleaming in their chalk-white talk.

They speak of sultry days
slow as a spavined mule,
panniers brimming with long afternoons
ripening in moist heat
like the skin-dark thoughts
of men who were tall and awkward
as mountains until shoulders
slumped under the weight of a sky
that drove their easygoing bodies
beyond the unhurried stroke
of their gentle hearts.

Their palsied fingers count hiccuping
heartbeats on chattering worrybeads
and they grip each other close
when they shake hands,
surprised to have stood another week,
terrified it may be their last.

FABHALSCÉAL

Nuair a chastar na cnoic ar a chéile
sa chearnóg ar chúl an aonaigh
labhraid canúint ológ is fraoigh
na gcríonfhear ar bhinsí cloiche
ag caint ar ísleáin is ardáin a mbeatha
thar lear na mblianta imirce,
aolsolas suirplísgheal
chomh toll le buillí clog um mheánlae
ag caismirneach as umar a mbéal mantach
agus fiacail óir na gréine
ag glioscarnach ina mbéarlagar cailce.

Tráchtann siad ar laethanta brothaill
chomh mall le miúil spadchosach
fé chliabh ag cur thar maoil
le tráthnóintí fada
a d'aibigh fén teas maoth
amhail marana cneasdorcha na bhfear
a mhaireann anois ar an mín
a bhí chomh hard chomh hamscaí le sliabh
nó gur chrom a nguaillí
fé róualach scamall
a bhrostaigh a gcroithe
thar a mbuille séimh.

Áiríonn a méara pairilíseacha
snagbhuillí croí
ar phaidrín na himní
is croitheann siad láimh le chéile
go dlúth le hiontas gur sheasadar
seachtain eile os cionn talaimh,
le heagla gurb é
an uair dheireanach é.

Sometimes it is. When silence
fills their mouths with sentences
of earth and stone that leave
the mountains speechless
their words forget themselves
and no-one listens anyway
to the wooden language of the dead.

Uaireanta is ea.
Nuair a líonann an tost
a mbéal le gobán cré is cloch
a bhalbhaíonn allagar na gcnoc
ní chastar na focail ar a chéile,
ní chloistear clárchaint na marbh.

THE ISLE OF THE DEAD

In the spacious bay, on the verge of which the settlement is situated, at the distance of a mile, stands a lovely little island, about half a mile in circumference at the water's edge. This, it appeared to me would be a secure and undisturbed resting-place where the departed prisoners might lie together until the morning of the resurrection. It was accordingly fixed upon, and called, "The Isle of the Dead."

Rev. John Allen Manton c.1845

The headstones face home
to England where a world
is turning against the sun,
her colonies   a fleet of
drifting stars follow the
glow of a fake lodestone,
lured by its deceiving light.

Buried here, the military dead,
whose gold-braided uniforms
once reflected the glory of
a tarnished crown levying
their glittering tithes
on the unstinting sun.

Graven letters belie
the ordinariness of their
deaths, the cancerous pride
or guilt of those who
witnessed God's word in
men's mouths distort the
lot of other men's lives.

The pomp of stone hides
the cruelty or shame of
those who submitted to
the word with conscience

OILEÁN NA MARBH

In the spacious bay, on the verge of which the settlement is situated, at the distance of a mile, stands a lovely little island, about half a mile in circumference at the water's edge. This, it appeared to me would be a secure and undisturbed resting-place where the departed prisoners might lie together until the morning of the resurrection. It was accordingly fixed upon, and called, "The Isle of the Dead."

Rev. John Allen Manton c.1845

Tá aghaidh na leac
ó thuaidh ar Shasana
mar a gcasann domhan
tuathalach ar a fhearsaid,
réaltaí is tíortha cian
ag rothlú timpeall ar
adhmaintchloch bhréige
á dtarraingt le neamhthoil
ag a loinnir chaoch.

Sínte anso tá oifigigh
airm is a muintir,
fíréin bhí dílis do ghlóir
an Rí, a chaith lena
ré órshnáithe ar éide
ag frithchaitheamh gléas
na corónach, deachú an
tsolais   siolptha
ó ghrian bhronntach.

Uaislíonn litreacha greanta
méala comónta a mbáis
le cancar an uabhair nó
ciapadh anama an té
a chonaic briathar Dé
ar bhéala daoine ag
fiaradh dán an duine.

gagged until worms undid
the knot, weaving their truth
through cages of bone.

A salt wind from the sea
eats the sandstone   soft
as bones returned to dust
under headstones facing
forever north, straight as a
spine, unbending as a soldier's
mind never deviating from
straight and narrow lines
that his will be done on
this barbarous earth, their backs
perpetually turned from the
rabble, scum of the earth
sent here across the sea
that their twisted nature
be rectified, their stubborn
bodies made to bend.

'You must remember these
were naughty boys who had
to be shown the error
of their wicked ways,'
explained the guide,
ex-army in polished shoes
and priest-clean nails, his
sweet talk fouling the air
with mouldering lies.

Ceileann poimp na leac a
gcrúáil nó a n-ainnise,
imshníomh anama fir a
chuir coinsias fé shrian,
a ghéill don bhfocal claon
gur scaoil na cnuimheanna
an tsnaidhm ag lúbarnaíl
tré chriathar conablaigh.

Creimeann salann sa ghaoth
ón bhfarraige gaineamhchloch
uagha chomh bog le luaithreach
cnámh fé chab na leac a
fhéachann de shíor ó thuaidh
chomh díreach le drom
chomh righin le haigne
saighdiúra nár cheistigh
an reacht a cheadaigh a
racht gur deineadh a thoil
ar thalamh choimhthíoch,
a chúl leis an ngramaisc feasta,
bruscar brocach an domhain
a scuabadh thar loch amach
go ndíreofaí a nádúr geancach,
go n-umhlófaí creat stobarnálta.

'Ba bhuachaillí dána iad
ab éigin a cheartú,' arsa'n
treoraí, iarshaighdiúir
na mbróg snasta
gona ingní sagairt,
a chaint chumhra
ag bréanadh an aeir
le haoileach éithigh.

On the south side of
the island away from the
sea the convicts lie as
they did in life on edge
in cramped beds that hurled
them against walls or knocked
them to the floor if they
moved in their sleep,
a devout technology
to teach the thing
the body is a jail
to be rent asunder
releasing God's image
imprisoned within.

So they wore the lash
like a hairshirt and
a mantle of lime ever
after wearing the flesh
to bone   marrow to
pith and pulp to reveal
Christ crucified in man's
image. If pigs could fly...
Despite their zeal they
found no trace of the
divine in the no thing,
no one whose passing
remains unmarked in a
grave without stone.
Pointless to pray for
the souls of animals.

Ar an dtaobh theas
den oileán ón bhfarraige
luíonn na cimí mar
luíodar lena mbeo
ar thochtanna róchúng
a dhoirtfeadh le falla
nó amach ar urlár iad
dá mba chorrach a suan,
teicneolaíocht chráifeach
a choisceadh codladh,
a mheabhródh don rud
gur cuibhreann a chorp
a chaithfí a réabadh
chun macsamhail Dé
ann a shaoradh.

Chaitheadar leis sin
lasc an tsaoiste mar
léine róin is matal
aoil ina dhiaidh sin
a chaith an chabhail
ón gcraiceann go dtí
an gcnámh, ón smior
go dtí an smusach
chun teacht ar eithne
Chríost arna chéasadh
istigh. An rud nach féidir
ní féidir é. Tar éis
a ndíchill níor fhan
a rian Tiarnúil sa
neamhrud, neamhdhuine
gan ainm ar uaigh
gan leac. Ní fiú
guí le hanam ainmhí.

But of all the men the most singular in his fate was another Irishman, one Barron, who lived in a little island all alone; and of all the modes of life into which such a man might fall, surely his was the most wonderful. To the extent of the island he was no prisoner at all, but might wander whither he liked, might go to bed when he pleased, might bathe and catch fish or cultivate his little flower garden - and was in very truth monarch of all he surveyed.

Anthony Trollope 1873

For ten years John Barron
worked his two-acre plot,
a holy fool in his garden
refusing to go back on
the mainland or eat the
produce of unholy ground,
as though it were blasphemy
to taste the earthly remains
of Christ made man interred
in unconsecrated earth.

A blessed lunatic he worked
the brutalized earth
turning the black sod
scored with lime
and dark with the shadow
of the dead until a mercy
of un-named flowers blossomed
in every orifice, pouring
from eyes ears armpits
thighs and broken mouths
that left no sign but what

But of all the men the most singular in his fate was another Irishman, one Barron, who lived in a little island all alone; and of all the modes of life into which such a man might fall, surely his was the most wonderful. To the extent of the island he was no prisoner at all, but might wander whither he liked, might go to bed when he pleased, might bathe and catch fish or cultivate his little flower garden - and was in very truth monarch of all he surveyed.

Anthony Trollope 1873

Deich mbliana ar fad
d'fhan John Barron
istigh ar dhá acra
reilige ina gharradóir
buile naoimh. Ní fhillfeadh
ar an míntír gharbh
ná ní íosfadh aon
bharra a d'fhás istigh
ar thalamh neamhchoisricthe
mar thuigfeadh gur
blaisféime fuílleach
corp Chríost ionchollaithe
sa chré a bhlaiseadh.

Duine simplí le Dia
agus duine shaothraigh
sé talamh éignithe le
ramhainn, dheargaigh le
díograis an fód a bhí
dubh le scáthanna na
marbh leasaithe léasaithe
le haoileach gur phréamhaigh
gach log sa chré

the softer clay remembers,
scorchmarks of flaming flesh
and bone, as though one man's
kindness could redeem
the depravity of his kind.

'You should go down on
your knees on this sacred
ground and pray,' my pagan
companion counseled but I
will not bend my heart or
my knee. Better to wear a
cowl to hide the shame of
man made nothing, to cover
your face lest the remnant
of light reflected in your eye
absolve the irredeemable dark.
They wore the hangman's hood
during their worst torment
lest the mind find comfort
in the face of another and
eyes towel the print of
terror from the condemned
man's countenance. And still
most of them rose again
most of the time and carried
on their shame without relief
until the carpenter's hammer
nailed down their final pain.

is bhrúcht trócaire
bláth gan ainm as ioscaidí
ascaillí plaoisc polláirí
cluasa cliabhraigh smúdar
gabhal is béala briste
nach ann dá rian
ach gur cuimhin leis
an gcré ar a shonsan
a léir scáil loiscthe,
gur cheil cneastacht
fir brúidiúlacht a chine
ar éigin.

'Ba chóir dul ar do
ghlúine ag guí san
áit bheannaithe seo,'
adúirt mo chompánach
mín págánach ach ní
fheacfainn mo chroí
ná mo ghlúin.
Ba chuíúla dar liom
cochall a chaitheamh
gan uirísleacht an duine
lomtha gan luid a
bhréagnú le macdhrithle
an tsolais id shúil
a chaolódh an dorchacht
bharbartha lena loinnir
thais. Chaitheadarsan huda
na croiche lena bpáis,
ualach ba throime ná
pinginí copair ar fhoraí
súl na marbh ar eagla
go mba furtacht don aigne
chiaptha an ghrian cheansa
ar aghaidh a chomrádaí,
go nglanfadh túáille
na súl a phrionda sceoin

If I call them out
the grass will not reveal
their names until the wind
bows the stunted trees as
they stand to attention and
from the deaf and dumb
cell of the earth a multitude
rises before the sun
straight and proud as
headstones, Thomas Kelly,
carpenter, Edwin Pinder,
miner, John Bowden, barber,
James Parsons, sailor, Thomas
Loague, cobbler and a meitheal
of labourers shoveling
earth from their eternal
dust, Terence McMahon from
County Clare, John Arnold,
Norbury, John Healy, a Kerryman
and their comrades as yet
un-named, a rollcall unopened,
a snail's trail across
eternity, a shower of rain
without stain that bows
my head and inflexible
knee in supplication
to the earth.

dá cheannaghaidh. Agus fós
d'éirigh a bhformhór formhór
an ama dá nglúine is lean
orthu arís ag iompar
a gcros gan chúnamh nó gur
dhaingnigh casúr an tsiúinéara
a ngéaga brúite fé chlár.

Má ghoirim chugam iad
ní labharfaidh an féar
orthu le náire shaolta
nó go gcromann an ghaoth
muineál míleata na gcrann
is plódaíonn aniar as balbh
chealla talaimh bhodhair
na sluaite ainm chomh
díreach le leac gan
chlaonadh, Thomas Kelly,
siúinéir, Edwin Pinder,
mianadóir, James Parsons,
mairnéalach, Thomas Loague,
gréasaí agus meitheal
spailpín ag sluaistiú
scraith na síoraíochta
dá gcré, Terence McMahon
ó Chontae an Chláir,
John Arnold, Norbury Shasana,
John Healy, Ciarraíoch
gona mbráithre fós gan
ainm a dheargaíonn dubh
an dúrfhóid, rolla gan
scaoileadh, glae seilide
ar shlí na fírinne,
báisteach gan sal a
umhlaíonn mo cheann
is mo ghlúin righin
le paidir chun talaimh.

DIDJERIDU

This music is not played
to lure   a snake
from the woven basket
of your distended   belly
with a heatwave of torrid notes
and   swooning   melodies.

It won't set your rebel
foot tapping   on stone
to taunt your straight
jacketed   intellect with squalls
of hornpipes and twist

                              ing
                                   slides.

If you stand
and listen for a second
or a thousand years
lyrebirds will nest
in the devious loops
of your branching hair,
              green
blue

                         red
parrots will perch
on your scalded shoulders
and a sarcastic kookaburra
make fun of your scorched
white feet, you'll hear
parakeets and lorikeets
flutter round your head,
ancient tribes of the air
speaking a language your wild
colonial heart cannot comprehend.

DIDJERIDU

Ní mheallfaidh an ceol seo
nathair nimhe   aníos
as íochtar ciseáin do bhoilg
le   brothall   seanma
na mbruth fhonn teochreasach.

Ní chuirfidh sé do chois cheannairceach
ag steip rince ar leac
gan buíochas ded aigne cheartaiseach
le spreang tais na gcasphort ceathach.

Má sheasann tú gan chor
ar feadh soicind amháin
nó míle bliain
cuirfidh sé   ealta liréan
ag neadú i measc na gcuach
id chlaon fholt cam,
                gorma
pearóidí   dearga
                glasa
ar do ghuaillí loiscthe
is cucabora niogóideach
ag fonóid féd chosa geala,
beidh treibheanna ársa an aeir
ag cleitearnach timpeall ort
ag labhairt leat i mbéalrá
ná tuigeann   do chroí
gall   ghaelach   bán.

Má sheasann tú dhá
chéad bliain ag éisteacht
cloisfir ceol stair a chine
ag sileadh as ionathar pollta,

If you can stand
for a minute   or two
hundred years   you'll hear
the songs of his people
bleed from a punctured lung
sharp beaks   pecking skulls
snapping   small bones
while the bright fists
of our gentle ancestors
beat the skin of the earth
like a bodhrán
that feels
            nothing.

géar ghoba éan ag cnagadh plaosc
ag snapadh   mion chnámh agus
doirne geala ár sinsear cneasta
ag bualadh   chraiceann na talún
mar a bheadh bodhrán
ná mothaíonn
                    faic.

ASSIMILATION

When the cops took his son
their bright batons left their mark
on his broken body,
the nails on their polished boots
pierced his skin.

When his loving hand uncovered
a child's footprint untouched
in the desecrated sand he heard
a highpitched scream sharp as a knife
gash the unprotected earth.

Day after day he hears
the scarred earth cry out
when he puts his hand
in that dry wound.

Still he doesn't believe.

AN DUBH INA GHEAL

Nuair a d'fhuadaigh na póilíní a mhac
d'fhágadar rian a mbataí geala
ar a chabhail chéasta
is lorg a mbróg tairní
buailte ar a bholg brúite.

Nuair a nochtaigh a láimh mhuirneach
cosrian linbh gan smál
sa ghaineamh airgthe mhothaigh sé
caolghlór leanbaí, faobhar scine
ag réabadh chraiceann na talún.

Lá i ndiaidh lae ó shin
airíonn sé scréacha tinnis
ón gcré ghonta nuair a chuireann
sé a mhéar sa chréacht tirim.

Fós ní chreideann sé.

MANNERS

Like a dry retch
a spasm of anger
erupted from the pit
of his stomach heaving
through twisted entrails
until he threw up
a gush of sickening words
all over their wholesome talk.

Nothing was said.

As if his indiscretion
had been scraped
like dogdirt from the carpet
the trite and meaningless
conversation continued uninterrupted.

He licked his cracked lips
and hawked the afterspit
from his throat with a polite
cough, tasting the repeating filth
on his scoured tongue.

BÉASA

Mar a bheadh taom urlacan
ghaibh spadhar obann
as coire fiuchaidh a bhoilg
aníos tré ionathar coirbthe
gur scéith múisc na bhfocal
ina ráig ghráisciúil
ar fuaid an chomhrá néata.

Ní dúrathas faic.

Mar a ghlanfaí
sceathrach na bhfocal lofa
go discréideach den urlár
lean an mionallagar
deabhéasach gan aird.

Chuimil sé a theanga
dá bheola. Ghlan an brach
dá scornach le mionchasachtach
múinte is bhlais a bhréantas
arís ar ais ina bhéal
sciúrtha spalptha.

GOODNIGHT

When she came in last night
there was a stranger smell
purled in the threads
of her clothes,
touching her skin
as she undressed,
warming her breath.

When she lay beside him
he felt gooseflesh
on her thighs,
the smoky comfort of the pub
seep from knees,
ankles and curled up toes.

When he kissed her cheek
he caught a fragrance
he never noticed before
on the lobes of her ears,
on her scented neck,
in the small of her back,

a musky underground smell
he couldn't quite
put his finger on

with envy
that burred his tongue,
the bitter taste of haws.

OÍCHE MHAITH

Nuair a tháinig sí isteach aréir
bhí mus strainséartha fite
in uige a héadaí,
ar a géaga fuinte
nuair a bhain sí di,
ar a hanáil te.

Nuair a luigh sí
in aice leis
bhí gráinní ar a másaí
is teolaíocht ghalach an tí
tábhairne ar ghlúine,
colpaí is barraicíní cumtha.

Nuair a phóg sé a leiceann lasta
bhí boladh ná fuair sé cheana
ar liopaí na gcluas,
ar mhuineál cumhra
ar log a droma

musc goirt
faoi choim
ná féadfadh sé
méar a chur air

le formad a d'fhág
blas searbh
ar a theanga dhomlasta.

AN CAISIDEACH BÁN

Tighter than a collar
the leash on his mind
shepherds his thoughts
on the straight and narrow
to a world without end.

Since he left Melchisidec
the acrylic shirt with open
collar and wide lapels
is a hair-shirt
scourging his soul,
the soft cloth
hurts his mortified flesh.

His blue chin is shaved
clean as his careful words,
polished shoes reflect
God's image in his face

until a splash from
a passing car muddies
his immaculate deception

just as woman
sullied his holy spirit.

AN CAISIDEACH BÁN

Tá gad ar a aigne
chomh righin le coiléar
a dhíríonn a mhachnamh
ar an mbóthar caol
díreach go teach Dé.

Ó thréig sé Meilcisidioc
luíonn léine oscailte
acrioloc mar léine róin
ar a anam sciúirsthe,
goineann éadach bog
a chraiceann moirtnithe.

Tá niamh ar a ghormghiall,
a fhuighle gan teimheal,
gléas ar a bhróga snasta
a fhoilsíonn scáil Dé
ar a cheannaithe féin
ar ais leis nó go

bhfliuchann pluda
fé tháinrith gluaisteán
a bhréagíomhá gan smál

mar shalaigh bean
a mheanma Thiarnúil.

THE NOVICE IN THE TAVERN

Haloed by a ring of smoke
she steers the paper boat
of her vows through the fug,
humility cowling her body from
the crown of her shorn head to
the heel of her milkwhite foot.

A gust of wind catches
her mother by surprise
and excess pride fills
her pigeon chest
full as a windsock.

She herself feels a frantic
calm streaming in her veins,
the blood of Jesus Christ
purge the unclean waters
of her unworthy flesh.

The wonder in her child eyes
is lint on a suppurating cut,
her laughter without body,
the balm of her healing hands.

'She's better off out of it,'
says the old woman from the snug
where she sits with legs apart,
a grey head hooded
in a cloud of nicotine,
whiskers of porter covering
the dark on her upper lip,
her body unabashed by the growth
bearding her chin.

AN NÓIBHÍSEACH SA TIGH TÁBHAIRNE

Nuair a sheol sí bárc
páipéir a móide chrábhaidh
tríd an gceo ghaibh an toit
cruth naomhluain os a cionn,
chlúdaigh caille na humhaile a corp
ó rinn na dtrilseán feannta
go sáil a cos cailce.

Shéid cuaifeach obann
fé bhrollach na máthar
gur líon mórtas cine
a cliabh colúir
chomh lán le stoca gaoithe.

Mhothaigh sise fionnuaire bhruite
ina cuisle mara ag cúrsáil tríthi,
fuil Íosa Chríost ag purgú
lacht neamhghlan a colainne.

Bindealán ar chréacht nimhe
niamh an ghliondair ina súil
linbh, a gáire gan toirt,
a láimhín chleite
a chneasódh loit.

'Is fearr di as,' arsa'n tseanbhean
ghabhalscartha ón gcailleach,
cochall tobac os a cionn liath,
croiméal cúir ag ceilt
an dubhfháis ar a liopa uachtair,
uabhar coirp briste amach
ina mheigeall gabhair
ar a smig gan bhearradh.

'She's better off, I tell ye,'
says the mannish voice,
'better than breaking her arse
making babies anyway,'

and she feels again deep
in her violated womb
the malignant growths
that broke her young body
on the flagstones of Hell
burning and scalding her still.

'Is fearr di as, adeirim, 'arsa'n
guth fireann, 'gan a boimbiléad
tóna a scrios le tinneas
seoil agus pianta breithe'

is mhothaigh arís
thíos ar ghrinneall a beo
loit na dtoirrcheas
a choill a cabhail ógh
ag loisceadh is ag dó
ar lic na bpian
ina bléin scamhaite.

PISEOGA

They had a saying on the island,
'The sea will take its own,'
the women whispered it tightlipped
like a prayer as they waited
for their men to come back
over treacherous rocks and
snarling waves, safe from storms
and unpredictable winds
from the unstable mind of the sea.

We don't believe one iota
of their silly superstitions.

'That's life,' we say offhandedly
as we wait on shifting sands
Hoping (to god) the children
return in their skincovered boats
untouched, unharmed by vicious rocks
and swirling seas that lurk
in the deep of men's hearts.

'That's life,' we say knowingly,
superstitious and ignorant,
terrified as any Blasket widow.

PISEOGA

'Beidh a cuid féin ag an bhfarraige,'
adeiridis mná an oileáin
ag fanacht go dochtbhéalach
lena bhfearaibh a theacht
thar charraigreacha báite
is tonntracha briste slán
ó dhrochshíon is aimsir chorrach,
ó aigne shuaite na mara.

Ní ghéillimid faic
dá bpiseoga míréasúnta.

'Sin é an saol,' adeirimid go cruachúiseach,
inár seasamh ar an dtrá thirim
ag Súil le dia go dtiocfaidh na leanaí
i gcurracha guagacha a gcraicinn soghonta
thar na fochaisí faoi cheilt
i nguairneán aigne fir.

'Sin é an saol adeirimid go heolgaiseach,
chomh piseogach aineolach
chomh sceimhlithe le baintreacha an Bhlascaeid.

SPECTACLES

Thick as jamjars the horn-rimmed
glasses focused her eye but only
just on the here and now,
the sharp edge of her attention
blazed down from light years
away in the upper air
of days gone by,
a reluctant sun
summoned by glass burning
the air of truth
from any half-told lie.

When she put aside the old-fashioned
glasses with their mock-ferocious
eyebrows the cross look left
her face, the sun slipped through
the loop behind her eye and
travelled the backroads
beside her to the year it doesn't
matter which in Berrings
when potatoes were settled
snug as eggs in beds of straw
in the haggart and water fresh
as scoops of wind off the mountain
caught in a tin bucket in the kitchen,
snow melted in enamel jugs
on the deal table and primroses
and buttercups were ground
together in silver dishes,
order like a pressed sheet covering
the everyday commotion for a while

until we summoned the sun again
and against her better judgement
she turned back.

GLOINÍ

Dhírigh na spéaclaí adharcimeallacha
a súil ghrinn ar éigin
ar an aimsir láithreach
gur scairt rinn a haigne
na cianta solasbhliain anonn
ón aer uachtarach,
grian tré ghloine
i gcoinne a tola
a loiscfeadh craiceann
na fírinne de leithscéal éithigh.

Nuair a leag uaithi na lionsaí
leáigh an ghrainc dá cuntanós séimh,
shleamhnaigh an ghrian
tré mhogaill na súl amach
ar bhóthar achrannach sa bhliain
is cuma cén bhliain ar an gCloich Rua
mar bhí prátaí chomh cluthar le huibhe
ina luí fé chuilteanna tuí sa bhuaile,
uisce chomh glan le gaoth ón gcnoc
ceaptha i mbuicéad sa chistin,
sneachta séidte fé cheirt muislín
i gcrusca cruain ar an mbord déil
agus samhaircíní is fearbán measctha
i dtruinsear airgid an ime,
bráillín eagair fillte go fóill
ar chipeadraíl an tí mhóir

nó gur ghlaomar an ghrian ar ais
inti, chuir uirthi arís na spéaclaí
is tháinig sí le mórdhua aniar inár measc.

In the end it was no longer
worth the effort and she stayed
where she was forever
letting on she didn't hear
the sun and us calling her back

as she waited for the boss,
the man of the house,
who never came back
from the Sunday score.

Ar ball níorbh fhiú léi an tairbhe
trioblóid a haistir anall
is d'fhan ar an dtaobh eile ar fad
ag tabhairt cluas bhodhar
orainne agus an ghrian araon

ag feitheanh le fear an tí,
an máistir, nár tháinig
ó scór an Domhnaigh go brách.

BELIEVING

Gradually as her blood ran cold
she threw off her flimsy faith,
threadbare clothes that couldn't warm
her perished skin and wrapped a blanket
of older practises around her shivering
shoulders; she watched as butterwitches
ransacked her flat, poking in shut
cupboards, pocketing useless souvenirs
from the dresser, carrying off
reluctant furniture while her simpleminded
visitors looked on and said they saw
nothing, convinced that no-one could get in
while the door was locked,
that it was the neighbour's unruly children
she heard knocking on the window
and the wind screaming down the chimney
in the dead of night,
misfortunate fools with no faith.
When her unrelenting heart
tired of its weakening body
she left a changeling bag of skin and bone
breathless and cold on a cast iron bed
and walked from the sanatorium
into my disbelieving mind
where she arranges my disordered life
with her wisewoman's hands banishing
pious pookas and sanctimonious old ghosts,
the twice damned malevolent spirits of
evileyed wrongheaded people from out of my way
every blessed day that I live.

CREIDEAMH

De réir mar a fhuaraigh a cuid fola
chaith sí di a creideamh tanaí,
éadaí caite nár théigh a craiceann oighreata
is tharraing brat seascair piseog
go dlúth lena guaillí leata,
chonaic sí cailleacha ime
ag creachadh a seomra suí leapan
ag póirseáil i gcófraí iata,
ag fuadach gréithre is troscán stóinsithe
i ngan fhios dá cuairteoirí saonta
adúirt ná gheobhadh éinne isteach
is an doras fé ghlas,
gurb é gráscar na leanaí comharsan
a chuala sí ag cnagadh ar an bhfuinneog
is an ghaoth ag éamh uirthi
tré pholl an tsimné anuas
in am mharbh na hoíche,
créatúirí gan chiall, gan chreideamh.
Nuair a thuirsigh a croí neamhchloíte
dá lomaghéaga traochta d'fhág sí
iarlais a coirp mheathlaithe gan dé
ag fuarú sa leaba iarainn
is shiúl as an otharlann amach
isteach im aigne ainchreidmheach
mar a gcóiríonn sí mo bheatha ó shin
lena lámha mná feasa a dhíbríonn
púcaí ainglí is taibhsí rónaofa
is drochsprideanna drochdhaoine mallaithe uaim
gach lá beannaithe dem shaol.

SLIABH LUACHRA

Half way through the single
reel   windy as a mountain
road and twisting like after
hours talk in the shut pub

her finger steps   up
on tip toe to a note
that isn't there
a centimetre or more off
the floor of the tune

a bump   in the road
a lull   in the talk
a foot hold on the edge
of nothing

a trapdoor out of eternity
when the relentless pull
of the music leaves the body
sense less and all the souls
of the dead hurl a demented
yell from the mouths of the living

'Buachaill é, a chailín, buachaill é.'

SLIABH LUACHRA

I lár sleamhnáin
chomh cam le cabhsa sléibhe
chomh cas le hallagar déanach
san óstán dúnta

seasann Mary Meaindí
ar a barraicíní ar nóta
nach ann leathorlach
lastuas d'urlár an cheoil

droinnín sa bhóthar
stad sa chaint
teannta coise ar cholbha
neamhní

nuair a scarann imtharraingt an tsiansa
a chiall den gcorp is ligeann
anamnacha uile na marbh
glam buile in éineacht
as béala na mbeo

'Buachaill é, a chailín, buachaill é.'

VISITORS

And summer is a hooligan
hooning round corners
joyriding with the sun,
windows wide open blaring
light and flirtatious noise
on the righteous upstanding air.

Preparations for the rising
are well under way
in the bottom drawer
where T-shirts exchange glances
with short pants and skirts
wink at swimsuits in a huddle
of conspiracy; trousers have lost
their pressed assurance,
slumped jumpers
surrender their shape.

At the back of the wardrobe
behind the broken clock
my grandmother's shoes can feel
forbidden music touch her dead feet,
                    click of fingers
              clack of heels
          smack of lips
      on powdered cheeks
the ghost of Ira Gerschwin
kissing her bare shoulder
as heat beats its fists
on a car-roof pounding the floor
of the flaming sky.

CUAIRTEOIRÍ

Leis sin tagann amhas an tsamhraidh
ag adharcáil thar an gcúinne
ar rúid aeraíochta leis an ngrian,
fuinneoga leathan ar oscailt
ag doirteadh solais is fothram giodamach
ar an aer ceartchreidmheach cúng.

Táthar ag prapáil cheana don éirí
amach sa tarraiceán íochtair,
sméideann T-léinte ar bhrístí gearra,
caochann sciortaí ar chultacha snámha
i gcomhcheilg bhundúnach.
Cailleann geansaithe
a gcruth údarásach,
tréigeann treabhsair
a siúráil iarnáilte.

I gcúl an bhardrúis
fén gclog briste mothaíonn
bróga mo mháthar críonna
ceol coiscthe ag bogadh a cos millte,
                    snapadh méar
                cnagadh sál
            beolsmeaic
        ar leicinn daite
gósta Ira Gerschwin ag pógadh
a gualainn leis agus doirne
teasa ar charrdhíon
ag tuargain urlár na spéire.

THE CREATOR

Before the morning rose
from a dark shed below
on the Model Farm Road
a thrush's beak announced the day
pecking the tinfoil top
of a milkbottle out on the doorstep.

Before the house woke
from its prenatal sleep
she had the world to herself,
a well-mannered world that didn't
answer back, giving in quietly
to the soft authority of her hands.

She took the muzzle
from the spout and cold
water nuzzled her wrists
licking her dry fingers,
when she turned off the tap
the running nose continued
to drip in the sink,
a gimpy kettle
limped on the stove, nothing
was perfect in this bockety house.

Chipped crockery beside themselves
with delight bumped and jostled
each other desperate for attention
until she fed their hungry mouths
with corn flakes crisp as frosted
grass, handsome eggs with moles
on their cheeks and steaming
tea so strong underfoot a mouse
might trot across on legs of faith
without drowning.

AN CRUTHAITHEOIR

Sarar éirigh an adhmhaidin aníos
as scioból dorcha thíos
ar Bhóthar na Modhfheirme bhí
gob smólaigh ag fógairt an lae,
ag cnagadh ar scragallchaipín
buidéil bhainne ar leac an dorais amuigh.

Sarar dhúisigh an tigh
as a shuan réamhbhreithe
bhí an domhan chuici féin aici,
domhan deamhúinte nár labhair
ina coinne, a ghéill go réidh
d'údarás caoin a lámh.

Chuimil an t-uisce smut fuar
lena basa nuair a bhain sí
an sealán de mhuineál an sconna,
ligh lena theanga a méara tíortha;
nuair a chas sí an buacaire ar ais
lean srónshileadh na ndeor
ag binceadh sa soinc agus citeal
basctha ag bacadaíl ar an sorn.
Ní raibh éinní gan locht sa tigh seo.

Bheannaigh áraistí scealptha di,
miasa, mugaí is ubhchupáin
ag guailleáil a chéile gur líon sí
a mbéal le calóga arbhair
chomh briosc le féar sioctha,
le huibheacha galánta a raibh
baill doráin in ard a ngrua
agus tae láidir go rithfeadh luch
ar mhionchosa creidimh thar a dhromchla
galach gan báthadh.

47

Up the stairs in Limbo
Land of pillows and blankets
rags of sleep bandaged his brain
like cotton wool in an aching ear,
he heard the muffled sound
of the small shovel scraping stone
as she carted the ashes
of the day gone out
and set another day kindling
in the cold grate.

He heard gusts of static
pitched from one end of the Atlantic
to the other churning the airwaves
between Rejkavik and Athlone
until she found the right frequency
that put Cork at the centre
of the world talking to her quietly
in the kitchen six feet under his dream.

As morning followed morning
forever and ever it seemed
he heard his world created
out of nothing as it was
in the beginning is now and
shall be for a time to come
until the thief of time
wakes her from her eternal dream.

In airde staighre i Liombó
na bpiliúr is na bpluid bhí
ceirteacha codlaidh mar bheadh
olann chadáis tráth tinnis ina chluais;
d'airigh sé bodharghlór na sluaiste bige
ag scríobadh urlár an ghráta,
ag cartadh luaith an lá a chuaigh as
amach as an dtigh agus lá úr
á chur síos aici ina chomhair.

Chuala sé gaoth stataice ag séideadh
ó cheann ceann na hAtlantaice
ag iomramh ar thonnta an aeir
idir Rejkavik is Áth Luain
gur aimsigh sí an mhinicíocht chruinn
a chuir Corcaigh i gceartlár an tsaoil
ag caint léi os íseal sa chistin
sé troithe laistíos dá thaibhreamh.

Maidin i ndiaidh a chéile
mar sin go brách chuala sé
saol á chruthú as neamhní
mar a bhí ar dtúis,
mar atá anois,
mar a bheidh go fóill
in aigne an chruthaitheora
nó go músclóidh an clog í
as a brionglóid shíoraí.

THE BED ROOM

The only lock on the door
was my mother's final word
unbending as a steel bolt,
useless as rope on sand
when curiosity slipped its lead.

Strained nerves conspired against us
with a creak of old hinges
as we pushed in the door
walking on tiptoe over the threshold
of what we thought we knew.

In the dark behind shut curtains
the undisturbed air
was warm with familiar breath,
my heart beat in my mouth
swollen as the sacred heart of Jesus
still throbbing in his aching chest
on the shelf over a tray
of guttering night lights,
his martyr eyes watched us sadly
as a disappointed mother or a Guard.

The chest of drawers in the far corner
was smooth and polished as a pew
smelling of new shoes,
like a sign in a farmer's field
the Pope's letter on the wall
warned off trespassers
in difficult Latin script
illegible as ogham.

The top drawer opened reluctantly
musty as a confession box,
I could smell my own sweat
as fingers pickpocketed
through the wrack left high

AN SEOMRA CODLATA

Ní raibh aon ghlas ar an ndoras
ach focal crosta mo mháthar
dolúbtha mar bholta iarainn,
díomhaoin mar ghad um ghainimh
nuair a scaoileadh ár bhfiosracht den iall.

Scéigh néaróga bioraithe
le díoscán hinsí orainn nuair bhrúmar
isteach an doras righin
ag teacht ar bharraicíní
thar teorainn ár bhfeasa.

Chluthraigh an t-aer stálaithe
teas anála fé chuirtíní druidte
sa tseomra doiléir;
bhí mo chroí im bhéal
chomh mór le croí rónaofa Chríost
ag pléascadh ina chliabh ar sheastán
os cionn na gcoinnle oíche,
a dhá shúil martra ár bhfaire
chomh díomách le máthair nó Garda.

Bhí cófra greanta chomh mín
le huillinn piú sa chúinne,
boladh bróga nua ar an adhmad snasta
agus litir an Phápa os a chionn
mar bheadh fógra i ngort
ag fógairt stróinséirí amach
i gcas-scríbhinn Laidine
chomh dorcha le haibítir oghaim.

Nuair a tharraingíos an tarraiceán dúr
tháinig fuarbholadh bosca faoistine
aníos tré mhus mo chuid allais,
chuaigh méara oilte ar phócaí
a phiocadh ag taighde sa tsnámhraic

and dry with socks, hankies and
underpants, Christmas presents
from the kids - pretty useless
knick-knacks they should have
but wouldn't throw out,
cheap as the thrupenny soul
of F.W. Woolworth.

Gloved in guilt my hands
sifted the jumble, a cut-throat
razor with mother of pearl
in the handle, a miraculous
contraption for honing old blades,
a pair of braces in the height
of fashion in 1953, a tie
with a sinister Masonic symbol,
pliers gripping a tooth.

My eyebrows arched like a rainbow
when I untied a bundle of
dogeared blackandwhite photographs,
my mother in an evening dress
so soft and smooth I would have
brushed my cheek against the cold paper,
my father in his crombie coat
coming out of a London station,
the wariness of every immigrant
that ever was in his hostile eye
glaring at the camera that had jostled
the orderly queue of his thoughts.
What was he thinking? What clamoured
in his head while we were in Heaven
eating pandy with the lads?

a caitheadh i dtír le stocaí,
haincisiúir is brístíní i ndrár
na bhfo-éadaí, bronntanaisí Nollag
na leanaí - giúirléidí daite gan mhaith
nár mhaith leo a chaitheamh
ná a chaitheamh amach, chomh táir
le hanam tuistiúin F.W. Woolworth.

Bhí lámhainní ar mo chonsias
ag leagadh an bhruis i leataoibh,
rásúr fiaclach le cos airgid
agus gléas míorúilteach
chuirfeadh faobhar ar lann mhaol,
seanghalas sa bhfaisean ba nuaí
i naoi déag caoga a trí,
carabhat le suaitheantas diamhair
Masónach - pionsúr ag stathadh fiacal.

D'éirigh stua ceatha
aníos ar mo mhalainn nuair a chonac
na grianghrafanna dubhagusbána,
mo mháthair i ngúna galánta
chomh mín síodúil gur dheas leat
an páipéar fuar a chuimilt led ghrua,
an buachaill ina chóta lachtna
ag teacht as stáisiún traenach
i Londain Shasana, amhras imirceach
ina shúil stuacach, olc air
gur chuir sonc uilleann an cheamara
isteach ar a mharana. Cad a bhí ina cheann
nuair ná rabhamar in aon chor ann,
nuair a bhíomar ar Neamh
ag ithe peaindí leis na leaids?

At the back of the drawer
untold treasure was buried
in a box with brooches, bracelets,
gold and silver rings she took
off one by one as the years
pilfered her semiprecious dreams.

When we opened that door
we found bright corridors
we didn't know were there
inside the walls of our house,
airy rooms full of light
they had abandoned ages ago
when we marched our little troubles
in dirty shoes through the polished
halls of their spotless world.

I should leave now
before I'm caught in here
where I have no right to be,
before the light creeps up on me,
gripping me by the ear
and will not let go,
but my mind is stuck fast
and the door jammed open behind.

Already I hear children
whispering at the top of the stairs.

I can't move.

I gcúl an tarraiceáin laistiar den iomlán
bhí ionnmhus gan áireamh i dtaisce
i seodbhosca mo mháthar - bróistí,
breasláidí, fáinní óir is airgid -
taibhrí a bhain sí di ina gceann
is ina gceann de réir mar bhain na blianta
a mianta luachmhara dhi.

Ar oscailt an dorais
nochtamar dorchlaí geala
nárbh eol dúinn go dtí sin
inár dtighne; shiúlamar tré rúmanna
aeracha a thréigeadarsan fadó
nuair a thugamarna ár dtrioblóidí beaga
i mbróga salacha tré hallaí bána
a ndomhain gan smál.

Nuair a chuirim chun imeachta anois
ar eagla go mbéarfaí orm istigh
sa tsaol eile sin thar m'aithne,
go dtiocfadh fios i ngan fhios
aníos taobh thiar díom,
go mbuailfí leacadar fé bhun mo chluaise
is nárbh fhéidir liom éalú
tá m'aigne i ngreim,
ní féidir an doras
a tharrac
im dhiaidh.

Airím cheana
cogarnach leanaí
i mbarr an staighre,
ní féidir liom corraí.

DAUGHTER

She is full of love
as a milkjug filled
to the lip and above
or a brimming bucket
emptying the sea
on parched sand.

She pours joy without stint
and brings me my share,
the champion's portion
of light in cupped hands
never spilling a drop.

I am afraid to take
hold of the tide
in the cracked bowl
of my leaking fists

but the sea rushes
in over my head
flooding the thimble
of my wrungout heart
that couldn't (but for her)
catch a cuckoo spit.

INGHEAN

Tá sí chomh lán de nádúr
le crúiscín ag cur thar maoil
le bainne nó buicéad uisce
líonta thar a bhruach
ag stealladh farraige
ar ghaineamh spalptha.

Scairdeann sí áthas gan smál
is beireann chugam an farasbarr,
curadhmhír an tsolais i mbasa
fíneálta gan deoir a dhoirteadh.

Tá eagla orm breith uaithi
ar an dtaoide lán
i mbabhla scoilte mo dhorn

nó go ritheann an sáile os mo chionn
is briseann ar mhéaracán mo chroí
ná toillfeadh seile cuaiche ann
                    murach í.

TREASURE

The fair-weather friends
she collects on the shore
are shells worn down
by the sea, wind and rain
leaking through flawed stone.

When she puts her ear
to sculptured bone
she hears a heart
murmur in the pounding
of the sound, the deep
longing for unrefracted
light in the agitated
voices of her sometime
companions

howling to her
from broken shells.

CNUAS

Tá máchail éigin
ar na cairde go léir
a chruinníonn sí cois toinne,
sliogáin ídithe ón sáile,
gaoth agus báisteach
ag doirteadh tré éasc ina lár.

Cuireann sí cluas
le cnámhchloch is cloiseann
monabhar croí i dtonnbhualadh
an tsunda, cumha grinneall mara
i ndiaidh dírí an tsolais
i nguth coipthe a compánach

ag éamh uirthi
as sliogáin bhriste.

CHANGELING

She did as she was told
putting her arms above her head
as I pulled off
the tightfitting jumper,
then ran crookedly
on bow legs slipping and
sliding across the wet floor
heading for the bath.

In the blink
of an eye the changeling
took on my daughter's body
running for all eternity
down a narrow unending road
somewhere in Vietnam
naked as an unlidded eye
without a stitch to protect
her wizened body
from my evil eye
when the camera winked
at her like this.

When she comes back
screaming with pain
the mark of that tortured ghost
is branded on her dripping skin
scalded by the hot water
sweating from my unshuttered eye.

IARLAIS

Chuir sí a dhá láimh
in airde go humhal
gur bhaineas di
a geansaí róchúng
is d'imigh de chromrúid
ar chamchosa ag sciorradh
ar an urlár sleamhain
don bhfolcadán.

I bhfaiteadh
na súl
ghaibh an iarlais uimpi
cló muirneach m'iníne
is rith isteach sa tsíoraíocht
uaim ar bhóthar gan cheann
i Vietnam Thuaidh
chomh lomnocht
le súil gan fora,
gan luid uirthi a cheilfeadh
a cabhail tanaí
ar mo shúil mhillteach
nuair a chaoch an ceamara
leathshúil dhall uirthi
mar seo.

Nuair a nocthtann tú chugam
ag scréachaíl le tinneas
tá taise a cló buailte
ar do chraiceann fliuch
loiscthe ag an uisce fiuchta
ag allas scólta mo shúl.

FROSTBITE

This weather is enough
to make a tree blush.
The garden is bare
as a boy's head
shorn to the bone
on the strict instruction
of his mother's razor tongue.
Two shamefaced shrubs stick
from the scalped earth
with ears tingling.

The sniggering banter of birds
carries over years of high walls
the cutting cries of moptopped boys
in the cropped schoolyard
- Hey Bazzerboy! Baldy Ballocks!
- Goldilocks a penny a box...

The catcalls of a telltale
wind has reddened my ears,
mortified as Labhraidh Loingsigh
as a shower of sticks and stones
rains down the streaming cheeks
of this sodden garden
that is bare and blunt
as knees in short pants,
a stone sleeved in a fist.

AN GOMH DEARG

Chuirfeadh an aimsir bhearrtha seo
ceann fé ar chrann. Tá'n gairdín
chomh lom le ceann stócaigh
sciúrtha go craiceann mar d'ordaigh
a mháthair le deimheas teanga.
Dhá sceach scáinte ag gobadh
go maolchluasach as an gcré feannta.

Séideann scoltarnach cleithmhagúil
na n-éan thar fallaí arda
na mblian liú na gcuilceach
mothalach im dhiaidh i gclós na scoile,
- Hey Bazzerboy! Baldy Ballocks!
- Goldilocks a penny a box...

Deargann duirse dairse na gaoithe
gona suainseán binbeach
mo chluasa Labhraidh Loingsigh,
buaileann báisteach cipíní is cloch
leiceann fliuch an ghairdín scúite
chomh tarnocht inniu le glúin
scríobhta i dtreabhsar gairid,
le cloch i muinchille doirn.

TELLING TALES

She doesn't credit
a blessed thing
I tell her,
not a single word
of the white lies
great minds invented
to lull gullible children
in the witch hour of night.
Forever and ever
her eyes are wide
with worry and swollen
as the Zuyder Zee
at high tide.
She keeps her thumb
in the leaking dam
of her mouth terrified
the sandbanks will break
and all the waters
of the world outside
smother her submerged head.

O my yellowbellied hero,
Prince Harmless, Gráinne Wailing,
my dearest stuttering scutterer.

FINSCÉALTA

Ní chreideann sí
aon ní dá ndeirim,
aon fhocal de na bréaga
beaga a cheap daoine móra
chun leanaí a mhealladh
le titim uafar na hoíche,
i gcónaí i gcónaí
tá a dhá súil
chomh lán d'imní
leis an Zuyder Zee
faoi thuile. Coinníonn sí
a hordóg go dlúth
i ndamba pollta a béil
sceimhlithe go réabfar
na bainc ghainmhe,
go rithfidh uiscí
an domhain go léir
os cionn a haigne báite,
ó mo ghile meata,
mo chladhaire gaiscígh,
mo Ghráinne Mhaolchluasach,
is mo bhuinneachán buí ó.

THE CORN FIELD

1

If you took the short cut
on your way to school
the unholy pilgrimage
took five minutes longer
through a corn field
that was left behind
when the country retreated,
stranded like a tinker's
donkey between two housing
estates while stampeding
cars brayed impatiently behind.

For the life of her
your mother wouldn't allow
you within a baby's roar
of the place. You'd never
know who might be watching
or lying in wait if you
left the straight and narrow
and took to the beaten track
dug up by the shovel-feet
of brazen boys who ignored
the commandments of anxious mothers.

From the minute the devil
hoisted me over the fence
cheek and impudence muddied
the soles of my disobedient
shoes, puddling through darned
socks, guilt left fingerprints
all over my filthy nails.

AN GORT ARBHAIR

1

Chuireadh sé cúig neomat moille
ar an oilithreacht chostrom
go teach na scoile ach thugtaí
an t-aicearra ar a shon san
ar an ngort droinníneach
d'fhág an tuath ina diaidh
mar bheadh asal tincéara ar strae
idir dhá eastát tithíochta is
adharca gluaisteán ag grágaíl
taobh thiar de.

Ní cheadódh mo mháthair
ar a hanam go raghainn
i ngiorracht scread linbh
don áit. Cá bhfios cé bheadh
ag faire nó ag luí ort
i ngan fhios dá bhfágfá
an bealach réidh, dá siúlfá
an cosán dearg bhí treafa
cheana ag spádchosa beaga
buachaillí dána nár thug
aon toradh ar aitheanta máthar.

Ó chuireas mo chois
i mbois an diabhail
ag dul thar chlaí dom
ghreamaigh draoib na heas
umhlaíochta do bhoinn mo bhróg,
shnigh donnuisce trím stocaí
pollta, bhí rian na ciontaíle
feasta fém ingní smeartha.

2

The world was harmless as a ladybird
when a breeze ruffled the corn
with combs of light, tossing
the curly heads of children as they
plundered hedges rich with itchybacks
the colour of fire and bearded
seeds that burned your back
with a flaming itch,
snotty rowanberries blew their noses
between your fingers and sloes
that could drain the ocean
left thirst that couldn't be slaked
on your salted tongue,
inquisitive fingers torn
and bleeding curiosity.

Before night shut the gate
of light behind the tinkers'
camp the fianna came back
to a hollow in the middle
of the ploughed field,
their laughter smelled of
fermented apples as bonfires
blazed on their flushed cheeks,
they wrestled for a spell,
then boasted and bragged,
playing for a while on
skin smooth as peeled chestnuts.
The smell of burning tyres
and other smells I didn't
recognise back then were
tangled in their hair as
hearts in seven-league boots
raced the moon on the way
back to earth.

2

Bhí an gort chomh súáilceach
le bóín Dé
nuair a shlíoc an ghaoth
na slaoda arbhair le cíora
solais a d'fhág casfhoilt
leanaí in achrann is iad
ag creachadh sméar ar an ndris
chatach - itchybacks stúáilte le síol
féasógach a loiscfeadh do dhroim
le tine tochais, caorthainn shmugach
ag séideadh srón i gcúl do bhoise
is áirne dhubh a thraochfadh
an fharraige d'fhág íota
gan chosc im bhéal, mo mhéara
priocha ag fiosracht spíonánach.

Sarar iaigh an oíche geata
an tsolais laistiar de champa
na dtincéirí chruinníodh na fianna
sa log i lár an ghoirt, boladh
ceirtlíse ar a ngáirí baoise
agus tinte cnámh ar a ngruanna
gartha, greas ag bruíon, greas
le crosántacht, greas i mbun táiplis
chnis ar chlár chomh mín le
castán nuabhainte dá shliogán.
Bhí boladh boinn chairr ag dó
is bolaithe eile nárbh fhéidir
an uair sin a ainmniú
ceangailte go dlúth ina ngruaig
aimhréidh, buataisí seacht léige
féna gcroí ag rás i gcoinne
na gealaí ar a slí abhaile
                        chun talaimh.

3

As soon as the combine
had gone we built a hut
from bales of straw. It
was dark in there. You
couldn't sit or stand or
lie back in the barbered stubble.
My head was on the run
hunkered down
by a campfire
in the wild wild west
listening to a posse
of cicadas brawling in
the cactus behind us
when someone toppled
the bales my mouth
was smothered in a
sea of quilts, dust
clouds thick with
spittle and straw
choked my nostrils,
less than a spoon
ful of air left in
my suffocating lungs
and all the sweet
impossible air under
the unforgiving sun
outside would never
fill them again
with trust.

3

Chomh luath is a d'imigh
an t-inneall bainte
thógamar tigh
i measc na gcornaí,
bhí sé dorcha istigh,
ní fhéadfaí seasamh
suí ná síneadh siar
sa choinleach barbartha.
Bhí m'aigne ar a coimeád,
ar a gúngaí cois tine
san iarthar fiáin
ag éisteacht le dúrtam
na cicadas ag bruíon
sna toir cactais laistiar.
Nuair a leagadh burla
na gcornaí isteach
orainn líon farraige
pluid piliúr is
cuilteanna móra mo bhéal,
bháigh tonn dusta
síl seilí is ribí
tuí mo pholláirí
leata ní raibh
spúnóg aeir im
scamhóga craptha ná
líonfadh a raibh
d'aer álainn
dofhála fén spéir
chrúálach lasmuigh
go deo arís le
trust.

4

There was just a year between us
and infinite walls of habit and
custom that kept the suburbs
permanently apart when she
was snatched one winter
morning before the sun had
wiped the sleep from it's eyes,
before the clock could lift
a stricken hand towards the light.
We kept out of the cornfield
all that week. Frost bared its
teeth and snapped at our heels
on the long road to school
until they found her huddled body
small as a wren nesting in a bed
of straw in a cowshed on the back
road to West Cork and sent the
childish monster who stopped her
breath back where he belonged
in remedial class at the madhouse.
As we said the rosary that night
the cold floor hurt our knees,
we made a quilt from patches
of old prayers to cover her
perished soul and lit a candle
at the Virgin's feet to
keep out the night for a while,
we dragged the bulk of heavy blankets
on stone cold bones
that would never again be warm.

A day or three after that
we untied the barbed wire
from our ragged fears
dragging our worries
like thorn bushes from the gap
of danger and walked out
in the long grass until

4

Ní raibh eadrainn ach bliain
agus fál go haer na nósimeacht
a dheighil na bruachbhailte go beacht
nuair a fuadaíodh í maidin gheimhridh
sarar chuimil an ghrian
na sramaí codlaidh dá súil,
sarar bhog an clog leathláimh
phairilíseach i dtreo an tsolais.

Sheachnaíomar an t-aicearra
an tseachtain sin; bhain fiacail
an tseaca snap as ár gcosa
ar an mbóthar díreach
go teach na scoile
nó go bhfuarthas a corp
dreoilín neadaithe i mbaclainn
tuí i gcró feirme ar an gcúlród
go hiarthar Chorcaí is gur cuireadh
an t-arrachtach simplí a bhain
a hanáil di faoi ghlas arís ar ais
i rang na naíonán i dtigh na ngealt.

Ar ár nglúine dúinn an oíche sin
ag rá na corónach do ghoin an t-urlár
ár gcraiceann, leathamar paidreacha scáinte
ar a hanam préachta, chuir coinneal
ag cosa Mhuire a choinnigh an oíche amuigh
go fóill is d'fhill na pluideanna sceite
ar chnámha leata nárbh fhéidir a théamh.

Lá nó trí ina dhiaidh sin arís
scaoileamar an tsreang dár sceimhle deilgneach,
bhain sceach na himní
as an mbearna bhaoil

we felt the hardening earth
give way under foot as
boots uncovered the tracks
they had left in wet weather
mud. Terror watched us
from the nettles on either
side, a swollen eye winking
in puddles along the beaten path.

Out of breath and dizzy
with excitement her exhausted
shadow played hide and seek
in every corner of the cornfield
as doubt and uncertainty
that couldn't be checked
sprang up like cockle
through the lush grass.

5

A concrete blanket covers
the cornfield now and tears
and terror and dirty nails
will never make it
past the threshold of spick
and span houses that
are blooming everywhere.

And still that smell
sticks to the children's
shoes, the stink of rubbish
from a foul laneway
behind the council flats,
a pretend shortcut
on the way to school
further than a father's call
from inside, closer than a child's
cry to beyond.

is shiúl amach sa bhféar ard
gur bhraitheamar cré choscartha
ag bogadh fénar gcosa
is d'aimsigh ár mbróga gaiscígh
na sclaigeanna bhí tochailte acu cheana.
Bhí uamhan neantógach ár bhfaire
ar dhá thaobh an chosáin
súil bhoilgíneach ag sméideadh orainn
as mogaill an phluda
ar an dtalamh bhrúite romhainn.

Bhí gaiseá ar a scáil aerach
ag pléaráca inár dteannta
agus cogal an amhrais
nach féidir a bhac
ag eascairt aníos trína lár dlúth.

5

Tá tocht stroighin fillte anois
ar an ngort agus tithe galánta
gan feo ag bláthú ar gach taobh dó
ná ceadaíonn gol ná gruaim
ná ingní salacha thar a dtairseach

agus fós tá boladh
ar bhróga na leanaí,
rian dramhaíle ó lána lofa
idir dhá bhloc árasáin,
cóngar, mar dhea, chun na scoile,
thar ghlaoch athar ón mbaile
i ngiorracht scread linbh don alltar.

THE GENEALOGY OF EYES

Like your mother before you
the greenish tint
in your tinker eyes
is unmistakable,
deep and fresh
as a cow pat.

There's a less than
subtle hint in that
for anyone with eyes
in her head
or his.

That you will
shit buckets all over
any and every one
whose heel would crush
your soot
soft heart.

GINEALACH NA SÚL

Ar nós do mháthar
romhat tá glasuaine
do dhá shúil tincéara
chomh híogair nádúrtha
chomh húr
le bualtrach bó.

Tá foláireamh ansan
don duine
go mbeadh radharc
na súl ina cheann
fireann
nó baineann.

Go gcacfaidh tú
sconna buinní gan stop
ar éinne a shatlódh
ar do chroí
                róbhog.

HOMEWORK

'Kaykweeawillthoo?' says you,
slipping in beside me
your body fresh from a shower
smelling of apricots.

I nearly jumped out of my
skin when I heard a stranger's
voice speak in a whisper
from your parted lips.

'Thorampogue ashtore,' she says
and I could have sworn it was
you until her sweet mouth
hushed the lisp
of my stammering heart,
that fine day swot
with his tongue hanging out
eager as a notebook
gobbling words
in the Black Bogs - trench dyke ditch -
in the thatched cottage - nook embers poker -
balming out on Clochar Strand.

'Gotcho,' says a shameless voice
beside me, a quick tongue darting
in my ear, her soft hand on my
light as a feather, her able arms
surrounding me until a surge
of words rises up inside
stiffening my back bone,
covering me from head to toe
with a gift of tongues teaching
a voluptuous lesson
in fluent SaxGaelic,
in tongue-tied pillow-talk.

FOGHLAIMEOIRÍ

'Kaykweeawillthoo?' ar tú
ag sleamhnú isteach lem ais,
cumhracht aibreoige leata
ar do chorp tar éis cheatha.

Ghlacas sceit
nuair a chuala guth
allúrach ag caint liom
i gcogar téiglí
as do liopaí scartha.

'Thorampogue ashtore,' ar sise,
is thabharfainn an leabhar
gur tusa a labhair
nó gur bhalbhaigh a béal
binn trudaireacht bhriotach mo chroí,
lá breá is a theanga amuigh aige
le craos leabhar nótaí
ag alpadh focal
sna gorta dubha - clais criathrach díog-
sa chistin cheanntuí - clúid gríosach tlú-
bolg le gréin ar Thráigh an Chloichir.

'Gotcho,' arsa'n glór
mínáireach im aice, chuir teanga
lúfar isteach im chluais,
láimh shlim ar mo philibín
cleite, géaga fáiscthe im thimpeall
anall gur éirigh de spreang orm
tonn focal teaspaigh
bhain freang as mo dhrom
righin is chlúdaigh mo chraiceann
ó rinn go sáil le gramadach
aclaí a mhúin dom ceacht
ar Ghaorla gasta,
ar Bhéarlachas líofa na bpluid.

APPLES AND PEARS

As though the sun had sprinkled
a pinch of salt across her shoulder
scattering light
tonight your body
is stippled with freckles

when you take off the dark
dress that hides your brightness
your skin breathes its own scent,
a musk of bitten apples.

'You mean pears,' she says,
and a blue moon eclipses
her equinoctial smile,
'apples are out of season for good,'
The shadow of her finger
lingers
on the flickering light switch.

The sun is turned off
as a full moon climbs
from a gutted orchard with her haul
then hangs a constellation of fresh fruit
on the bare branches of the sky
like magic lanterns shining
on your ripening body
that makes my teeth water
tasting of apples and pears.

AONACH NA dTORTHAÍ

Fé mar chroithfeadh grian phiseogach
pinse salainn thar ghualainn nocht
is go dtitfeadh
ina frasa solais
ar do chraiceann goirt
tá conamar breicní
ar do cholainn anocht

nuair a bhaineann tú díot
na snátha dorcha
a cheileann gile do ghéag
ligeann do chorp a sainchumhracht
mar úll glas
nuair a bhaintear a chraiceann snasta.

'Péirín, a bhuachaill,' adeir tusa
urú duaircis
ar do gháire lae leathaigh,
'tá deireadh anois
le séasúr na n-úll'
is leagann scáil do mhéar
ar chnaipe stomptha an tsolais.

Múchtar an ghrian
is éiríonn gealach lán
as úllghort creachta lena slad,
crochann réaltbhuíon na dtorthaí úra ar
chrann lom na firmiminte
mar a bheadh laindéirí draíochta
ag lonrú ar do cholainn torthúil
a chuireann uisce
trím fhiacla
lena blas péiríní is úll aibí.

HEART BEAT

It's raining marbles
on the roof over my head,
nailbitten worries
fingerdrumming my skull.
I can't sleep.

Beyond shut eyes
she trails the sun down
the long hall of sleep,
her body laid out
touching mine without feeling
limp as straw.

For less
than a split
second
her in drawn breath
stops.
A phone about to ring.
A car about to crash.

The wind holds its
breath and listens.

The insistent tick
of a hundred
unsynchronised clocks
- witchfingers
on her quick pulse -
muffles
the whisper of blood
time pounding
my strained heart
until her chest falls
releasing
its sweet burden of air
filling the smotherhood
that covers my mouth.

82

CROÍBHUALADH

Tá mirlíní fearthainne
ag clagarnach ar an ndíon
ingní na himní
ag drumadóireacht
ar bhlaosc mo chinn.
Ní féidir liom codladh.

Laistiar dá súil iata
leanann sí an ghrian
tré dhorchla fada an tsuain
a corp sínte
buailte suas liom
gan chathú soip.

Ar feadh achar níos lú
ná an t-achar
is lú
stad ann
a hanáil
ag a huas
phointe tarraicthe,
guthán
sara mbuaileann
gluaisteán sara dtuairteann.

Tá gaiseá ar an ngaoth
agus cluas le héisteacht.

Múchann callán
na gcéadta clog ar míghléas
- méara caillí
ar a cuisle luath -
sioscadh na fola
im chroí brúite
nó go dtiteann a cliabhrach
is scaoileann eire ionmhuin aeir
i gcochall plúchta
an uamhain ar mo bhéal.

Relief floods my pulse,
a bedlam of bumpers,
a din of ringing telephones
after closing time
in the exchange,
rain clicking its heels
on a slate roof
until the relentless thump
of demented clocks
drowns the handclap of
my frantic heart
telling me some other time
in time to come
her breath will stop
for longer than forever.

The unrelenting rain
shovels gravel
over my soaking head.
I must not
sleep.

Pléascann clampar aitis
im chuisle le
torann cnagcharr
lá aonaigh in Eochaill
gliogarnach guthán
sa mhalartán dúnta
bróga fearthainne
ar urlár slinne
nó go n-éiríonn
cogarnach na gclog míchéatach
os cionn buillí boise
mo chroí
á rá liom
amach anseo
go stadfaidh a hanáil
ar feadh achar
níos faide ná an tsíoraíocht.

Leanann an bháisteach
ag sluaistiú cloch lasnairde.
Ní féidir codladh.

THE LUCKY CAUL

The everyday wordbrawl
is temporarily suspended,
another shovelful of useless talk
brushed out the door
with the usual rubbish,
I don't have to speak
or strangle myself again
in the collar and tie of language
until tomorrow.

I hear the children's dreambreath
sleepwalk through the house
garrulous as the fingers of mutes
talking of things the mind can't hear
until the tongue is tied.

Catwoman purrs beside me,
lascivious thoughts slinking
through her stretching limbs
until her toes touch the hollow
behind my knees soft as a
kitten's tongue lapping milk.

My heart is swollen like a
plastic bag in a gutter
full of rainrubbish,

I'm so lighthearted and airy
a wren's fart would blow me
clean into the next world

and still I wouldn't go
choosing instead this never
ending moment already gone
in the whoosh of an angel's wing.

CAIPÍN AN tSONAIS

Tá'n briatharchath laethúil istigh,
lá lán d'fhocail gan éifeacht
glanta as an dtigh
leis an ndramhaíl choiteann,
ní gá dhom labhairt
ná carabhat na bhfocal
a chur orm arís go maidin.

Airím néalanáil na leanaí
ag suansiúl ar fuaid an tí
chomh cabanta le méara na mbalbh
ag caint ar nithe
ná cloiseann an aigne i gceart
nó go gcuirtear snaidhm
ar a teanga righin.

Tá catbhean ag crónán lem ais
fonn macnais ag lúbarnaíl
trína colainn síos,
a barraicíní lem ioscaidí
chomh híogair le teanga
piscín ag leadhbadh bainne.

Atann mo chroí mar mhála
plaisteach i seidhleán
a chruinníonn muirchur báistí

táim chomh haerach ceannéadrom
go séidfeadh braim dreoilín mé
de chlár na cruinne cé

is b'fhearr liom
ná an tsíoraíocht thall
ala na huaire seo caite cheana
i bhfaiteadh eití aingil.

REGROWTH

Ever green wood
spitting in the grate

the smell of old-growth
forest in the chimney-corner
remembering fire and flood,
insects, birds and feral dogs
long gone from the world,

treetalk the floorboards
understood before their tongues
were cut and a gag of polish
stitched their dumb lips

they hear oakfall
in the slam of doors,
pinesplit in the creak
of windows, roots ungripping
in the fold of newspaper

and when the axe-handle
drives a splinter
into the man's hand

a coffin mouldering,
an acorn planted, under ground.

ÉIRIC

Tá adhmad úrbhainte
ag fiuchadh sa ghráta

boladh foraoiseacha ársa
ón gclúid ag cur síos
ar thinte agus dílí móra,
ar mhíola, éanlaith 'gus madraí allta
tá imithe den saol le cian

crannseanchas a eachtraíodh
cláracha urláir
sarar baineadh an teanga dá bpluic,
cochall snasa fuaite
ar a mbéal balbh a airíonn

dairthitim i ngíoscán comhla
giúis-scoilteadh i bplabadh fuinneog
réabadh préamh i gcrapadh nuachtán

is nuair a thiomáineann hanla tua
scealp i mbais fhear an tí

comhrainn ag briseadh,
dearcán á chur, sa chré.

SCRIBBLING

Once in a while
A crumpled page rises
To the top of
The scrunched-up pile,
　　Paper nails
　　Pinning my words
　　To the floor.
Unfolding seagull wings
Speckled with ink
It climbs the sloping air
Heading for the beyond.

I can just make out,
A trick of the light
Maybe, a smeared claw
Tagged with a ring of words,
　　A prop against the
　　Jamb of nothing,
　　A breath of air on
　　The hinge of everything.

SEOLADH

Uaireanta
Éiríonn leathanach stractha
As an mburla craptha,
    Tairní páir a
    Ghreamaíonn mo chuid
    Focal don urlár.
Míníonn amach ina
Sciathán dúchdhaite faoileáin
Is imíonn ar chliathán aeir
    Sna feirgiglinnte
    I dtreo
    Na firmiminte.
Aithním, is dóigh liom
Iairmbéarla mo dháin
Ina fháinne aitheantais
Ar chrág smeartha,
    Teannta focal ar
    Ursain neamhní,
    Breacadh anála ar
    Chomla na huile.